HF204245

Hersteller / Manufacturer (GPSR)
Storylution GmbH, Biberstraße 5, 1010 Vienna, Austria
E-Mail: story.one@story.one

Merle Köser

Das Auslandsjahr Know How

story.one – Life is a story

 story.one

1st edition 2023
© Merle Köser

Production, design and conception:
story.one publishing - www.story.one
A brand of Storylution GmbH

Font set from Minion Pro, Lato and Merriweather.

© Cover photo: privat

© Photos: privat

ISBN: 978-3-7108-5895-6

INHALT

Vorwort

Hallo alle zusammen!

Mein Name ist Merle Köser und ich bin 19 Jahre alt. Seit ich ein Kind bin, ist es mein Traum zu reisen und viel von der Welt zu sehen. Die Sprachen und Kulturen unserer Welt faszinieren mich und es ist meine Leidenschaft diese zu entdecken. Der Spanischunterricht in meiner Schule hat mein Interesse an Spanien geweckt und somit entschied ich mich im März 2019 dazu einen High School Aufenthalt in Spanien zu absolvieren.

Im September 2019 begann mein Abenteuer in Barcelona, wo ich 5 Orientierungstage mit meiner Organisation verbrachte. Im Anschluss ging es in den Süden von Andalusien zu meiner Gastfamilie in die wunderschöne Stadt Cádiz. Dort habe ich 5 Monate verbracht, bin zur Schule gegangen, habe Freunde fürs Leben gefunden und flog Ende Januar 2020 wieder zurück nach Deutschland. Ich habe die beste Zeit meines Lebens dort erlebt und lege es jedem ans Herz einen Auslandsaufenthalt zu absolvieren! Es ist eine außergewöhnliche Möglichkeit ein neues Land mit all seine Facetten kennen und lieben zu lernen. Wenn du dieses Buch liest, hast du dich wahrscheinlich dazu entschieden ins Ausland zu gehen oder interessierst dich zumindest dafür.

Als ich damals meinen Auslandsaufenthalt angetreten habe, hätte ich mir ein leitendes Buch gewünscht, welches mir Tipps für meine bevorstehende Zeit gibt. Leider gab es so etwas nicht auf dem Buchmarkt und deswegen habe ich mich durch Webseiten und YouTube-Videos geforscht. Genau deshalb existiert nun dieses Buch! Um dir an der Seite zu stehen und dich für dein bevorstehendes Abenteuer vorzubereiten. Von der Vorbereitung über deinen Aufenthalt bis hin zu deiner Rückkehr steht das Buch an deiner Seite! Ich erzähle dir von meinen Erfahrungen und gebe dir Tipps, welche ich damals gerne bekommen hätte.

In zwanzig Jahren wirst du mehr enttäuscht sein von den Dingen, die du nicht getan hast, als von den Dingen, die du getan hast. Also wirf die Leinen los. Verlasse den sicheren Hafen. Lass den Passatwind in deinen Segeln wehen. Erforsche! Träume! Entdecke!

~ Mark Twain

A different language is a
different vision of life

Planung und Organisation

Den ersten und wichtigsten Schritt hast du bereits getätigt: Du hast dich entschieden ins Ausland zu gehen und dort zu leben! Bald wirst du dein Zuhause verlassen und dich in ein großes Abenteuer wagen. Keine leichte Entscheidung, doch ich versichere dir, du wirst es nicht bereuen!

Um das Ganze in die Tat umzusetzen, braucht es jetzt eine lange Planung und Organisation. Ich hatte die Idee von einem Auslandsjahr damals schon lange im Kopf, doch so wirklich darum gekümmert habe ich mich erst weniger als 6 Monate vorher. Es ist machbar, aber nicht zu empfehlen. Ich empfehle dir dich ca. 1 Jahr vorher um eine Organisation zu kümmern und dich dort anzumelden. Somit hast du mehr Zeit, um die benötigten Formulare auszufüllen. Wenn du die EU verlässt, benötigst du außerdem noch ein Visum, wessen Beantragung einige Zeit in Anspruch nehmen kann.

Es gibt viele verschiedene Organisationen, welche Auslandsaufenthalte anbieten. Ich habe mich damals für iST Sprachreisen entschieden und meine Entscheidung nicht bereut. Ich wurde super betreut und habe mich durchweg wohlgefühlt. Jede Organisation hat andere Qualitäten und jede Person andere Bedürfnisse. Also informiere dich intensiv, bevor du dich für eine Organisation entscheidest. Natürlich gibt es auch die Möglichkeit alles ohne Organisation zu erledigen, jedoch würde ich es dir bei einem High School Aufenthalt nicht empfehlen. Hierbei ist es viel zu kompliziert eine lokale Schule zu besuchen und eine Gastfamilie zu finden ohne die Hilfe einer Organisation. Falls du jedoch einen AuPair Aufenthalt oder Work and Travel in Erwägung ziehst, ist es durchaus alleine schaffbar. Es kommt auf dich an!

Ist die Organisation gefunden?! Nun bedarf es einen Zeitraum. 3 Monate, 6 Monate oder gleich ein ganzes Jahr? Die Möglichkeiten sind unendlich. Hier meine persönliche Empfehlung: Um das Land, die Kultur und die Sprache genau kennenzulernen bedarf es mehr als 3 Monate. Ich konnte mich nach dieser Zeit gut verständigen und mich gut in meiner Stadt orientieren, jedoch wäre es für mich zu früh gewesen, um wieder nach Hause zu fliegen. Aufgrund meiner deutschen Schule habe ich mich für 5 Monate (ein Halbjahr) entschieden. Es kam für mich nicht infrage mein Schuljahr zu wiederholen, welches nach einem ganzjährigen Auslandsaufenthalt nötig gewesen wäre, und somit musste ich das verpasste Halbjahr selbst nachholen, welches mit etwas Mühe und Disziplin durchaus machbar ist!

Dies sind meine wichtigsten Tipps für deine Planung:

1. Fange früh genug mit der Planung an! Ca. 1 Jahr vorher ist eine gute Zeitspanne
2. Informiere dich über Organisationen und suche die beste für dich aus!
3. Alleine organisieren ist durchaus machbar, aber komplizierter
4. Bleibe mehr als 3 Monate im Ausland um das Land, die Kultur und die Sprache besser kennenzulernen

Vorbereitung

So nun ist die Organisation gefunden, die benötigten Formulare abgeschickt und die Gastfamiliensuche im vollen Gange. Deinem Auslandsaufenthalt kann also nichts mehr im Wege stehen! Doch was nun?

Nun ist es an der Zeit Vorbereitungen zu treffen. Du magst denken, dass du im Moment nicht viel machen kannst, doch glaube mir es gibt so einiges zu tun.

Zuerst einmal musst du dich über die Einreisebeschränkungen deines Ziellandes informieren = Visum oder kein Visum? Außerdem brauchst du für einige Länder bestimmte Impfungen bzw. werden welche empfohlen. Also suche deinen Hausarzt auf und lasse deine Impfungen checken. Falls du in der EU bleibst, kannst du diese Schritte überspringen. Ein weiterer, sehr wichtiger Punkt sind deine Versicherungen! Du brauchst definitiv eine Auslandskrankenversicherung. Einige Organisationen bieten euch auch ein Versicherungspaket an.

Ich habe so eines damals bei meiner Organisation abgeschlossen und war rundum versorgt. Dieses Geld ist nötig und wichtig zu investieren, denn nur so kannst du sorglos ausreisen. Falls dir in deinem Gastland etwas passieren sollte, ist es oftmals sehr hilfreich eine Kreditkarte zu besitzen. Es kann der Fall eintreten, dass du in Vorkasse treten musst um eure Arzt - oder Krankenhausrechnungen zu bezahlen.

Damit du überhaupt ausreisen kannst, brauchst du natürlich einen gültigen Personalausweis oder Reisepass. Dieser muss noch 6 Monate nach deiner Wiederkunft gültig sein! Also einmal bitte nachsehen ob deiner noch gültig ist ;)

Falls du noch zur Schule gehst, in der Uni bist oder schon arbeitest, musst du deinem zuständigen Ansprechpartner deine bevorstehende Abwesenheit mitteilen und um eine Beurlaubung bitten. Das Gleiche gilt für Sportvereine, Fitnessstudioverträge und andere Hobbys. Laufende Verträge müssen pausiert werden damit keine unnötigen Kosten entstehen. Dies war bei mir damals kein Problem und alle waren sehr zuvorkommend.

Natürlich solltest du auch deine Reiseapotheke aufstocken. Möglicherweise müssen Medikamente erst bestellt werden und Lieferverzögerungen müssen mit einberechnet werden. Sorge dich also früh genug um deine benötigten Medikamente!

Vor deiner Reise müssen natürlich auch noch notwendig Einkäufe erledigt werden mit Dingen, die du während deiner ersten Tage dort brauchst. Ein Kapitel zum Koffer packen kommt noch, keine Sorge! Da habe ich ein paar hilfreiche Tipps für dich. Nun folgt einmal eine Checkliste zu den Vorbereitungen für deine Reise.

Erlebe jetzt die Geschichten von denen du später gerne erzählen möchtest

Checkliste Vorbereitungen

Wenige Monate - ein paar Wochen vor deiner Abreise:

- Über Einreisebeschränkungen informieren
- Letzte Dokumente abschicken
- Impfungen mit dem Hausarzt abklären
- Nötige Versicherungen abschließen (oftmals von der Organisation angeboten)
- Kreditkarte beantragen
- Gültigkeit deiner Dokumente prüfen (Personalausweis, Reisepass)
- Beurlaubungen beantragen bei deiner Schule, Uni oder Arbeit
- Verträge von Sportvereinen, Fitnessstudios etc. kündigen oder pausieren
- Reiseapotheke aufstocken
- Sprachkenntnisse verbessern

Ein paar Tage vor deiner Abreise:

- Dokumente zusammensuchen und auf Vollständigkeit überprüfen
- Notwendige Einkäufe erledigen
- Koffer packen
- Etwas Bargeld abheben ("Notgroschen")

Vor deiner Abreise:

- Flugstatus checken
- Koffer nochmals wiegen (Übergepäck kann teuer werden)

Dies sind die wichtigsten Dinge, welche du vor deiner Abreise beachten musst bzw. welche ich damals beachtet habe und als sehr wichtig betrachte. Die letzten Monate vor der Abreise sind die aufregendsten und eigentlich beginnt deine Reise schon dort. Ob du es glaubst oder nicht, die Vorfreude und die Vorbereitungen sind Dinge, an welche ich mich immer gerne wieder zurückerinnere. Dein Abenteuer beginnt schon jetzt und das, obwohl du es noch nicht einmal merkst!

"Die größte Sehenswürdigkeit, die es gibt, ist die Welt. Sieh sie dir an."
~ *Kurt Tucholsky*

Koffer packen

Koffer packen ist eins der tollsten Sachen, aber auch eins der anstrengendsten. Was nehme ich mit und was brauche ich? Das hängt natürlich ganz davon ab wohin deine Reise geht. Sommer oder Winter? Norden oder Süden? Ich musste damals für alle Fälle ausgestattet sein. Die Temperaturen haben im September bei 30 °C gestartet und bei 12 °C im Januar geendet. Also habe ich sowohl kurze als auch lange Klamotten eingepackt. Ich empfehle dir deinen Koffer so zu packen, wie für einen zweiwöchigen Urlaub. Du wirst dir in deinem Gastland auch Anziehsachen kaufen und deine Garderobe erweitern. Ich habe damals meinen Koffer so gepackt und es nicht bereut! Ich hatte natürlich auch unnötige Sachen dabei, jedoch kann das immer mal passieren. Wenn es Hygieneartikel in Reisegrößen gibt, dann nimm diese mit. Shampoo, Duschgel und Zahnpasta gibt es überall zu kaufen! Die großen Größen nehmen nur unnötig Platz im Koffer ein und wiegen viel zu viel. Deshalb benutze gerne diese Checkliste, um euren Koffer effizient zu packen!

Packliste:

- Kurze und/oder lange Klamotten
- Unterwäsche
- Socken
- Jacken
- Schlafbekleidung
- Sportkleidung
- Badebekleidung
- Ausgehkleidung
- Schuhe + Hausschuhe
- Zahnputzzeug
- Hautpflege
- Duschzeug (Reisegrößen!)
- (Damen - Hygiene)
- Haarbürste
- Kleine Sonnencreme
- Sonnenbrille
- Deo + Parfüm
- Schmuck
- Nageletui
- Rasierer
- Medikamente
- (Adapter)
- Laptop/Ipad
- Smartphone
- Kamera

- Benötigte Ladekabel
- Gastgeschenke
- Fotos
- Handtasche
- Schultasche (als Handgepäck nutzbar)
- Bücher
- Reiseführer
- Dokumente über deinen Aufenthalt

Wichtig im Handgepäck:

- Personalausweis/Reisepass
- (Visum)
- Bank-/Kreditkarte
- Flugtickets
- Benötigte, wichtige Dokumente
- Bargeld
- Kaugummi für den Druckausgleich im Flugzeug
- Ohrenstöpsel
- Snacks
- Etwas zu Trinken

"Zögere nie, weit fortzugehen,
hinter alle Meere, alle Grenzen,
alle Länder, allen Glaubens."
~ Amin Maalouf

Gastgeschenke

Wenn du in einer Gastfamilie oder in einer WG leben wirst, ist es ein guter Eisbrecher, Gastgeschenke mitzubringen. Diese sind meistens typische Dinge aus deinem Heimatland, wie zum Beispiel Süßigkeiten, Bücher über deine Stadt, Rezepte, Spielzeuge etc. Du kannst damit Sympathiepunkte sammeln und außerdem Dankbarkeit zeigen, dass sie dich aufgenommen haben und du bei ihnen leben darfst.

Ich habe damals deutsche und niederländische Süßigkeiten mitgebracht. Diese kamen bei meiner Gastfamilie besonders gut an, da es ein neues Geschmackserlebnis ist. Außerdem habe ich ein Rezeptbuch selbst erstellt und ins Spanische übersetzt. Es war unheimlich viel Arbeit und ich denke, es wäre praktischer einfach eins im Internet zu bestellen. Gastgeschenke müssen nichts Großes sein und niemand erwartet, dass du Stunden an Arbeit hineinsteckst.

Es hilft, wenn du vorher ein paar Informationen über deine zukünftige Gastfamilie einholst. Vor allem das Alter, der Beruf und mögliche Hobbys sind wichtig! So kannst du mögliche Interesse erahnen und deine Gastgeschenke dementsprechend anpassen.

Für Kinder eignen sich Spielzeuge und Süßigkeiten immer hervorragend. So kannst das Herz der Kleinen gewinnen und brichst möglicherweise das Eis zwischen euch. Bei Kindern dauert es oftmals am längsten bis sie sich dir gegenüber öffnen.

Bücher über deine Heimat sind immer interessant für ältere Mitglieder deiner Gastfamilie. So können sie sich ein Bild deiner Heimat machen und wissen, wo du herkommst. Für nette Abende sind Gesellschaftsspiele geeignet. Mensch ärgere dich nicht und Kniffel verschönern einen Abend und ihr könnt euch besser kennenlernen. Typisch deutsche Dinge sind außerdem immer sehr gerne gesehen. Seht euch also um welche Dinge den Alltag erleichtern und zugleich auch noch toll aussehen. Süßigkeiten gehen natürlich immer, unabhängig von der Altersgruppe.

Ich würde dir empfehlen keine schnell ablaufende Lebensmittel in euren Koffer zu packen. Diese können schnell mal warm werden oder es dauert, bis deine Gastfamilie diese anbricht.

Deiner Fantasie sind keine Grenzen gesetzt!

"Es liegt eine Art Magie über dem Fortgehen, um dann völlig verändert zurückzukehren."
~ Kate Douglas Wiggin

Gedanken vor der Abreise

Wie fühlst du dich vor deiner Abreise? Worum kreisen deine Gedanken? Hast du Ängste oder Zweifel?

Alles Fragen, welche dir kurz vor deiner Abreise gestellt werden. Richtig darauf antworten kann man darauf glaube ich nicht. Es sind so viele Gefühle, die man nicht beschreiben kann und die nur verstanden werden können, wenn jemand in der gleichen Situation ist.

Wie ich man sich fühlt? Glücklich, traurig, aufgeregt, nervös und vor allem hat man Respekt vor der Zukunft. Dies zu beschreiben ist quasi unmöglich. Es kreisen so unglaublich viele Gedanken im Kopf umher, welche nicht in Worte gefasst werden können. Dies sind ein paar Worte, welche ich einen Monat vor meiner Abreise niedergeschrieben habe:

„Es ist nur noch ein Monat bis ich fliege und ich habe es immer noch nicht realisiert. Irgendwie fühle ich mich glücklich und traurig zugleich.

Ich möchte mich nicht von meinen Liebsten verabschieden, aber ich bin unglaublich glücklich, dass ich diesen großen Schritt wage, dass ich einen neuen Lebensabschnitt in einem neuen und fremden Land beginne und ich überhaupt den Mut dazu habe! Ich freue mich so unglaublich auf diese Zeit. Ich bin so dankbar dafür, dass ich dies erleben darf und es mir ermöglicht wird! Ich freue mich nach dieser Zeit eine neue Sprache zu sprechen und vielleicht als ein neuer Mensch wiederzukommen. Auch wenn ich etwas Angst und Respekt davor habe, übertrifft die Freude alles. Ich bin einfach nur glücklich und kann es gar nicht abwarten, bis es endlich losgeht!"

Worum sich die Gedanken kreisen? Eigentlich, und ich glaube es geht jedem Austauschschüler so, dreht sich alles um den Auslandsaufenthalt. Was schenke ich meiner Gastfamilie? Was muss ich noch kaufen? Habe ich an alles gedacht? Wann fange ich eigentlich mit Koffer packen an? Was muss ich mitnehmen? Muss ich das hier nicht auch mitnehmen? Was mache ich an meiner Abschiedsparty?...

Thema Ängste und Zweifel: Zweifel sind normal und können auftreten. Sie sollten allerdings die positiven Gefühle nicht überwiegen.

Freu dich auf deine Zeit und zerbreche dir nicht zu viel den Kopf! Ängste hat glaube ich jeder! Ich persönlich hatte etwas Angst vor der Sprache, weil ich wusste, dass ich am Anfang Verständnisprobleme haben werde, was völlig normal ist. Viele Austauschschüler haben Angst vergessen zu werden, doch diese Angst teilte ich nicht. Wenn du wieder kommst, kann es sein, dass ihr erst wieder zueinander finden müsst, aber deine Freunde werden dich nicht vergessen.

Realisiert, dass du für mehrere Monate ins Ausland gehst, hast du bestimmt noch nicht und das wird auch noch lange dauern. Ich habe es bis zu meiner Ankunft nicht realisiert. Also keine Sorge, der Moment der Realisation wird noch ein bisschen auf sich warten lassen.

Trotz allem solltest du dich auf deinen Auslandsaufenthalt freuen und dir nicht zu viele Gedanken machen! Deine bevorstehende Zeit wird eine der besten deines Lebens sein.

Goodbyes are not forever,
are not the end;
it simply means
I'll miss you
until we meet again

Abschiedsfeier + Abreise

Eine Abschiedsfeier ist eine schöne Möglichkeit sich von Freunden und Familie zu verabschieden. Ein paar Tage vor meiner Abreise habe ich alle meine Freunde eingeladen und einen schönen Abend mit ihnen verbracht. Ich habe unseren Garten mit Spanien Flaggen und Deko geschmückt, Essen vorbereitet und Spiele aufgebaut. Für mich war es ein schöner Abend, um mich zu verabschieden und ein letztes Mal, für längere Zeit, alle meine Freunde beisammen zu haben.

Ich habe damals auch mein eigenes Abschiedsbuch erstellt. Es beinhaltet Informationen über mein Gastland, meinen Aufenthalt und bewahrt die schönsten Erinnerungen von mir, meinen Freunden und meiner Familie. Außerdem gibt es freie Seiten, auf welchen Freunde und Familie kreativ sein dürfen, um 'Tschüss' zu sagen. Der Kreativität ist keine Grenzen gesetzt und du darfst es so gestalten wie du möchtest. Ich habe mit einer kleinen Einleitung über die Funktion des Buches angefangen. Danach folgten Informationen über mein Gastland + die Stadt, in welcher ich sein würde. Dann habe ich das Buch an meine Liebsten weitergereicht und die, von ihnen, bearbeiteten Seiten mit Büroklammern verschlossen. Gelesen habe ich das Buch auf meinem Flug nach Spanien.

Schneller als gedacht kam der Tag meiner Abreise. Einerseits freut man sich auf die kommende Zeit, andererseits ist man total traurig darüber sich von seinen Liebsten zu verabschieden. Ein Abschied mit einem lachenden und einem weinenden Auge.

Mich haben damals meine Eltern zum Flughafen gebracht und dort habe ich noch eine weitere Austauschschülerin getroffen, welche mit mir zusammen geflogen ist. Vor der Sicherheitskontrolle kam es dann zum Abschied. Ein gut gemeinter Rat meinerseits: Haltet den Abschied kurz! Je länger dieser sich zieht, desto schmerzhafter wird es. Wir haben es damals auch kurzgehalten und es war die beste Entscheidung. Natürlich wurden auch Tränen vergossen, jedoch hatte ich nicht zu viel Zeit darüber nachzudenken, da ich durch die Sicherheitskontrolle musste.

Auf dem Flug war ich total aufgeregt meine Reise in das Ungewisse zu starten. Das Abschiedsbuch zu lesen war total schön und ich habe es bis heute gut aufbewahrt. Es ist eine schöne Art die Erinnerung aufrecht zu erhalten und auch später immer mal wieder hineinzugucken.

Und nun beginnt dein Abenteuer in einem fremden Land und in einem ganz neuem und anderem Leben ...

Genieße es, mache das Beste daraus, finde tolle Freunde und komme nach langer Zeit mit einem Kopf voller Erinnerungen wieder zurück in dein altes Zuhause!

"Fahre in die Welt hinaus. Sie ist fantastischer als jeder Traum."
~ *Ray Bradbury*

Orientierungstage

Ich hatte meine Orientierungstage damals in der schönen Stadt Barcelona. Nach meiner Landung wurde ich von Personen der zuständigen Partnerorganisation 'Get Ready' abgeholt. Viele Austauschschüler waren schon gelandet und so wurden wir zu ihnen gebracht. Das Wichtigste ist erst einmal Kontakte zu knüpfen. Ich habe mich dann nicht mehr so fremd und alleine gefühlt. Außerdem habe ich so auch meine norwegische Gastschwester kennengelernt und schon erste Freunde gefunden.

Im Hostel angekommen wurden wir in Zimmer aufgeteilt und wir hatten eine erste Einführungsveranstaltung. Diese sind wirklich wichtig, da man viele Informationen für den gesamten Auslandsaufenthalt gebrauchen kann. Uns wurden wichtige Regeln in Spanien erklärt, Influencer vorgestellt und Tipps für unser neues Leben mitgegeben, welche ich während meiner Zeit in Spanien gut gebrauchen konnte. Die Betreuer vor Ort waren auch schon einmal selber Austauschschüler und haben uns viel von ihren

Erfahrungen erzählt. Dies hat sehr geholfen uns unsere Ängste zu nehmen und es ein bisschen lockerer anzugehen. Außerdem hatten wir so immer einen Ansprechpartner, an welchen wir uns wenden konnten, falls wir Probleme hatten oder jemanden zum Reden brauchten.

Im Laufe der 5 Tage dort haben wir zusammen die Stadt erkundet und versucht uns schonmal an die spanische Sprache zu gewöhnen. In diesen Tagen habe ich schon Freundschaften geknüpft, welche während meines gesamten Aufenthalts und darüber hinaus angehalten haben. Ein Großteil der Gruppe ist noch einmal zusammengekommen als wir uns in Sevilla getroffen haben. Außerdem haben wir uns untereinander besucht und gegenseitig die Städte, in welchen wir leben, gezeigt.

Falls du die Möglichkeit hast an Orientierungstagen teilzunehmen, kann ich dir nur ans Herz legen dies auch wahrzunehmen. Diese können unheimlich hilfreich für die kommende Zeit in deinem Gastland sein um sich zurechtzufinden und schon Freundschaften zu schließen. Mir hat es damals sehr geholfen mental in Spanien anzukommen und die gesamte Situation zu realisieren, da es sich immer noch total surreal angefühlt hat. Außerdem machen Orientierungstage auch sehr viel Spaß, da es ein bisschen wie eine Jugendfreizeit mit vielen verschiedenen Aktivitäten ist.

Ankunft in der Gastfamilie

Meine Gastfamilie kennenzulernen war einer der aufregendsten Momente für mich, da ich mit diesen Menschen die nächsten 5 Monate verbringen würde. Meine Gastschwester und ich wurden damals am Flughafen, in der Nähe von Cádiz, von unserer Gastfamilie abgeholt. Diese bestand aus einer Gastmutter, einem Gastvater und einer 23-jährigen Tochter. Auf der Fahrt zu der Wohnung haben wir erste Gespräche geführt und unsere Gastmutter hat uns ein paar Sachen über die Stadt erzählt. Das Eis war auf jeden Fall schon gebrochen und mit der Sprache gab es auch nicht so riesengroße Probleme.

In der Wohnung angekommen, wurde uns erstmal die Wohnung und unser Zimmer gezeigt. Ich habe mir mein Zimmer mit meiner norwegischen Gastschwester geteilt, welches im Nachhinein echt super war. Natürlich war es ungewohnt, aber ich hatte immer jemanden zum Austauschen und es hat Spaß gemacht sich das Zimmer zu teilen. Bis das Zimmer fertig eingerichtet war, hat es ein paar Tage gedauert.

An meinem ersten Abend dort haben wir alle zusammen zu Abend gegessen und ich bin dann auch sehr früh ins Bett. Leider hatte ich in der Nacht davor nicht allzu viel geschlafen und war dementsprechend auch sehr müde. Deswegen habe ich danach fast 12 Stunden geschlafen und als ich aufwachte habe ich angefangen zu realisieren, dass ich hier jetzt für die nächsten Monate leben werde. In dem Moment hat mich das etwas überfordert und ich wusste nicht wohin mit mir. Es war sehr vieles anders als ich es von Zuhause kannte, aber da musste ich mich einfach drauf einlassen. Ich habe mir anfangs zu viel Stress gemacht, also mein Tipp an dich: Nehme es so an wie es kommt und lasse dich auf die neue Situation ein!

An meinem ersten richtigen Tag in Cádiz habe ich meine Betreuerin kennengelernt, welche sich um die ganzen Austauschschüler kümmerte. Wir haben uns alle getroffen und sind in ein Café gegangen, um uns kennenzulernen. Es waren auch Austauschschüler dabei, welche schon mehrere Monate ihres Aufenthaltes absolviert hatten, und konnten uns Ratschläge mit auf den Weg geben. Dieses Treffen hat mir den

Tag dort sehr erleichtert.

Am Nachmittag hat unsere Gastmutter uns dann die Supermärkte und Geschäfte in der Gegend gezeigt. Alles Weitere habe ich mit der Zeit selbst erkundet.

Meine Ankunft dort war sehr aufregend und überwältigend. Ich kann dir nur mit auf den Weg geben es gelassen anzugehen. Es wird sich mit der Zeit alles finden und dein Alltag wird sich formen. Falls etwas schieflaufen sollte, gibt es für alles eine Lösung und du hast genug Ansprechpartner vor Ort, welche dir zur Seite stehen.

"Reisen – es lässt dich sprachlos, dann verwandelt es dich in einen Geschichtenerzähler."
~ Ibn Battuta

Erster Schultag

Der erste Schultag oder auch der erste Arbeitstag ist immer etwas Aufregendes. Mein erster Schultag war an einem heißen Sommertag Mitte September 2019. Ich war sehr aufgeregt und wusste nicht genau was auf mich zukommt. Zum Glück hat mich meine Gastmutter zu meiner neuen Schule, welche zwei Minuten entfernt war, begleitet und mir durch den Tag geholfen.

In der Schule angekommen habe ich erfahren in welche Klasse ich komme und welche Fächer bzw. Kurse ich belegen werde. In Spanien gibt es die regulären Hauptfächer, wie Mathematik, Spanisch, Englisch etc., aber auch Wahlpflichtfächer. Diese waren bei mir Technik und Musik. Als die Klingel schellte, mussten wir uns in die Klassenräume begeben. Zum Glück wurde mir dabei geholfen, da ich mich sonst nicht zurechtgefunden hätte.

Dieser Tag bestand nur aus Organisation und die Klasse kennenlernen. Zuerst hat sich uns der neue Klassenlehrer vorgestellt und wir haben eine kleine Vorstellungsrunde gemacht. In meiner Klasse war noch eine weitere Austauschschülerin aus Deutschland und wir konnten uns gegenseitig gut helfen. Als wir den Stundenplan mitgeteilt bekommen haben wurde dies nur mündlich gemacht und das war ziemlich schwer für uns zu verstehen. Dies lag mit daran, dass in Cádiz kein "Hochspanisch" gesprochen wird, sondern ein Dialekt verwendet wird. Meine Klasse war dabei total hilfsbereit und hat uns den Stundenplan nochmal langsam mitgeteilt und gezeigt.

Dieser Schultag erstreckte sich nur über ca. 2 Stunden und danach durften wir alle wieder nach Hause gehen. Ich war am Ende ziemlich müde, da die neue Sprache meinen Kopf sehr angestrengt hat.

In den folgenden Tagen habe ich mich in der Schule gut eingefunden und schon erste Bekanntschaften geschlossen. Die Kurse haben mir größtenteils viel Spaß gemacht und meine Sprache hat sich schnell verbessert. Mein Schulalltag sah immer gleich aus: Um 8 Uhr morgens begann die Schule und um 15 Uhr hatte ich Schulschluss. Danach bin ich zum Mittagessen nach Hause, zu meiner Gastfamilie, gegangen und habe den Rest des Tages immer unterschiedlich verbracht.

Der erste Schultag ist aufregend, aber nichts wovor man sich den Kopf zerbrechen müsste. Gehe es gelassen an und Hilfe wirst du immer bekommen, wenn du sie benötigst! Oftmals sind auch viele Mitschüler und Lehrer interessiert an dir und möchten dir von sich aus helfen und dir zur Seite stehen.

"Eine Reise wird besser in Freunden als in Meilen gemessen."
~ Tim Cahill

Freunde finden

Freunde zu finden kann so einfach und doch so schwer sein ...

In einem fremden Land mit fremden Leuten zu sein kann einem das Freunde finden erschweren, doch es kann auch sehr einfach sein. Das Wichtigste ist sich auszuprobieren und mit den verschiedensten Leuten etwas zu unternehmen. Meiner Meinung nach, ist es nur so möglich die richtigen Freunde zu finden, mit welchen man gut klarkommt und seine freie Zeit verbringen möchte.

Das Allerwichtigste ist **offen zu sein**. Traue dich ruhig auf andere Menschen zuzugehen und mit ihnen zu reden. Du hast nichts zu verlieren und lernst im besten Falle deine zukünftigen Freunde kennen.

In meinem Fall war es so, dass ich meine langfristigen Freunde erst nach 2 Monaten kennengelernt habe. Anfangs habe ich mit den verschiedensten Personen etwas unternommen und auch festgestellt, dass ich mit manchen nicht wirklich harmoniere. Das gehört dazu und ist keineswegs schlimm! Wie ich meine Freunde kennengelernt habe, kam ganz durch Zufall. Sie waren in meiner Parallelklasse und wir hatten nur einen einzigen Kurs zusammen, über welchen wir uns kennengelernt haben. Als es zum Treffen kam haben diese mir noch ihre Freunde vorgestellt und wir haben uns alle schnell angefreundet. Mit manchen habe ich bis heute, 4 Jahre nach meinem Aufenthalt, noch Kontakt und wir haben uns schon zweimal wieder gesehen.

Meine Gastschwester hat ihre beste Freundin im Bus kennengelernt, nachdem sie sie angesprochen hat. Freundschaften können also auf den kuriosesten Wegen entstehen und sind keinesfalls vorhersehbar. Bei manchen klappt es besser und bei manchen dauert es etwas länger. Mit der Zeit wirst du aber deine Freunde finden und viel Spaß mit ihnen haben!

Besonders die Freundschaften, welche im Ausland geschlossen werden, sind oft die Außergewöhnlichsten. Du wirst sehr viel von deinen Freunden lernen, da sie dir das Land, die Sprache und die Kultur näherbringen werden.

Freundschaften müssen natürlich auch gepflegt werden, besonders wenn du wieder in dein Heimatland zurückkehrst. Nicht jede Freundschaft wird bestehen bleiben, aber die ein oder andere kann über Jahre hinweg noch existieren.

Einen Rat, welchen ich dir nur ans Herz legen kann: Unternimm nicht nur etwas mit anderen Austauschschülern! Natürlich ist es toll mit Austauschschülern etwas zu unternehmen, da man dasselbe durchmacht und diese oft die Einzigen sind, die einen wirklich verstehen. Allerdings wird es dich nicht dem Land, der Kultur und der Sprache näherbringen, da alle von euch fremd in diesem Land sind. Wenn du also die Möglichkeit hast etwas mit Einheimischen zu unternehmen, dann ergreife diese!

"Kümmere dich nicht um die Schlaglöcher in der Straße und zelebriere die Reise."
~ Fitzhugh Mullan

Heimweh

Heimweh trifft jeden irgendwann einmal im Leben. Jeder kennt das unschöne Gefühl der Sehnsucht nach Hause in die gewohnte Umgebung. Im Auslandsjahr ist es leider nicht möglich mal eben nach Hause zu fahren, aber das wirst du alles überstehen!

Die Zeit, in welcher ich am meisten Heimweh hatte, waren meine ersten Wochen in Spanien und die Zeit als ich krank geworden bin. In den ersten Wochen habe ich mich besonders nach meinem Zuhause gesehnt, da alles neu war und ich mich noch nicht zurechtgefunden hatte. Da kam das erste Mal Heimweh im mir auf und zu diesem Zeitpunkt war es auch am schlimmsten. Nach diesen Wochen hat sich mein Heimweh immer in Grenzen gehalten und ist auch schnell wieder verschwunden.

Doch was hilft gegen Heimweh? Ich kann hier nur von dem berichten, was mir damals geholfen hat. Dir wird vielleicht etwas anderes helfen, aber Probieren geht über Studieren wie es so schön heißt.

Was mir am meisten geholfen hat, war mich abzulenken. Die Stadt erkunden, Freunde treffen, etwas essen gehen etc. Hauptsache nicht alleine im Zimmer sitzen und viel Zeit zum Nachdenken haben. Manchmal habe ich auch mit meinen Eltern telefoniert, aber das kann das Heimweh leider auch verschlimmern. Bei mir kam es immer ganz darauf an. Mal hat es geholfen und mal nicht. Mit anderen Austauschschülern, welche in der gleichen Situation sind, zu reden, war wirklich hilfreich. Ich habe mich dann nicht mehr so alleine in der Situation gefühlt und konnte mir hilfreiche Tipps einholen.

Jeden Tag einzeln nehmen

Sieh nicht das große Ganze und die gesamte Zeit, welche du weg sein wirst. Lebe jeden Tag für sich und morgen kann die Welt schon wieder ganz anders aussehen. Sobald man den gesamten Zeitraum betrachtet, erschlägt es einen und man fragt sich, was man hier eigentlich tut. Ich war damals kurz davor abzubrechen, weil ich nicht wusste, wie ich die 5 Monate meistern sollte. Sobald ich angefangen habe jeden Tag für sich zu leben ging es mir deutlich besser und die Zeit ist wirklich im Flug vergangen.

Du bist nicht für immer weg und wirst, schneller als du denkst, wieder zu Hause sein. Heimweh ist okay und auch völlig normal. Lass es nur nicht deinen Alltag bestimmen. Die Zeit vergeht wie im Flug, also nutze sie und mache das Beste daraus, bevor es wieder zurück nach Hause geht!

Meine Zeit in Spanien

Meine Zeit in Spanien war sehr besonders und unvergesslich. Sie hat mich auf meinem weiteren Lebensweg sehr geprägt und auch mich als Menschen geformt. Aber fangen wir erstmal am Anfang an …

Die ersten Wochen habe ich mich erst einmal in meiner Gastfamilie und der neuen Stadt eingefunden. Ich habe gelernt, welcher Bus mich in die Altstadt und wieder zurückbringt und wie günstig das ist. Ich habe mir meine eigene Busfahrkarte, benötigte Materialien für die Schule und neue Hygieneartikel gekauft. Ich habe also mein neues Leben angenommen und es nach meinen Vorstellungen gestaltet. Während dieser Zeit hat mein Spanisch sich auch massiv gebessert. Meine Sprache hat sich nicht schleichend verbessert, sondern in Sprüngen. Der erste war nach 4 Wochen und der letzte nach 3 Monaten. Ich habe auch selbst gemerkt wie sich mein Wortschatz und meine Grammatik verbessert hat. Gegen Ende meines Aufenthaltes konnte ich fließend, und ohne viel nachzudenken, sprechen.

Innerhalb der ersten zwei Monate habe ich auch meine feste Freundesgruppe kennengelernt und wir haben super viel Zeit miteinander verbracht. Mittlerweile konnte ich mich in Cádiz gut orientieren und wusste, wo ich welches Geschäft und welchen Laden finde. In der Schule kam ich auch besser zurecht und konnte dem Unterricht folgen. In Klassenarbeiten hatte ich nicht die besten Noten, aber das war auch nicht schlimm. Ich habe während dieser Zeit schon viel von Andalusien gesehen, da wir, zusammen mit unserer Betreuerin, monatlich Ausflüge in andere Städte gemacht haben.

Die Weihnachtszeit war etwas Besonderes für mich, da es ganz anders gefeiert wird als in Deutschland. Es gab super leckeres Gebäck, aber keinen Adventskranz. Der Weihnachtsbaum wurde schon Anfang Dezember aufgestellt, aber Bescherung wurde erst Anfang Januar gemacht. Auch das Weihnachtsessen an Heiligabend war ganz anders. Es bestand aus Meeresfrüchten, Fisch, Pasteten und Brot. Den ersten und zweiten Weihnachtsfeiertag gab es dort gar nicht bzw. wurden diese nicht gefeiert.

Im Januar, meinem letzten Monat dort, bin ich auf Klassenfahrt nach Malta geflogen. Dies war eins meiner Highlights während meines Aufenthaltes in Spanien. Wir haben eine Woche dort verbracht und sehr viel Spaß gehabt. Ich habe viel von Malta gesehen und gemerkt, wie schnell Spanier frieren. Während ich mit offener Jacke im Wind saß, haben sich meine Klassenkameraden eingemummelt vor dem Wind versteckt. Viel Schlaf hatte ich während dieser Woche nicht, aber dafür unheimlich viel Spaß.

Zwei Wochen nach der Klassenfahrt musste ich schon Abschied nehmen, da es für mich zurück nach Deutschland ging. Ich habe oft mit dem Gedanken gespielt zu verlängern, doch habe mich schlussendlich dagegen entschieden. Im Nachhinein war dies die beste Entscheidung, da ich einerseits die Klasse hätte wiederholen müssen und andererseits einen Monat nach meiner Rückkehr die Corona-Pandemie ausgebrochen ist und alle Austauschschüler nach Hause fliegen mussten.

Ich hatte eine wunderbare Zeit in Spanien und würde es jederzeit wieder tun!

*How lucky I am to have
something that makes saying
goodbye so hard*

Abschied nehmen

Am 26.01.2020 musste ich meine Heimreise antreten und mich von meinem spanischen Leben verabschieden.

Meine letzte Woche in Cádiz habe ich damit verbracht mein gesamtes Zimmer auszumisten, denn nach den 5 Monaten hatten sich ziemlich viele Sachen angesammelt. Das nächste Problem war, dass nicht alles in meinen Koffer gepasst hat und ich somit gezwungen war einiges in Spanien zu lassen. Das Meiste habe ich gespendet und an bedürftige Menschen abgegeben, meine Gastfamilie hat auch etwas behalten und den Rest habe ich an meine Freunde verteilt. Im Endeffekt hatte ich immer noch zu viele Sachen und bin mit sehr viel Handgepäck geflogen. Zum Glück von mir waren die netten Menschen an der Sicherheitskontrolle sehr zuvorkommend und haben mir nichts abgenommen.

Während meiner letzten Tage war es an der Zeit mich zu verabschieden ....

Das letzte Mal mit einer Freundin gemeinsam ins Fitnessstudio gehen, mein letzter Schultag mit Abschied von meiner Klasse und meinen Lieblingslehrern, der letzte Abend mit meinen Freunden, das letzte Abendessen mit meiner Gastfamilie bis hin zu der letzten Nacht in meinem Bett.

Für alles gibt es ein erstes und ein letztes Mal und leider gibt es während eines Auslandsaufenthaltes viele letzte Male. Dies ist ein Leben, welches man hinter sich lassen muss und höchstwahrscheinlich nicht mehr wieder erleben wird. Für mich war dieser Abschied um einiges schwerer als der aus meinem deutschen Leben. Denn diesmal kann ich nicht wieder zurückkehren und muss mich schlussendlich von meinem spanischen Leben verabschieden.

Meinen letzten Abend habe ich mit meinen engsten Freunden verbracht. Nach dem Abendessen haben wir uns alle getroffen und einen tollen letzten Abend verbracht, viele Fotos gemacht und uns verabschiedet.

Der Morgen meiner Abreise bestand aus Koffer fertig packen und Panik kriegen, weil er

zu schwer ist. Also habe ich immer wieder um-
gepackt, hatte einen 23,5 kg schweren Koffer
und definitiv zu viel Handgepäck. Dann hieß es
auch Abschied von meiner Gastfamilie und
meiner Gastschwester nehmen, bevor meine
Betreuerin mich und eine weitere Austauschschülerin zum Flughafen gebracht hat.

In diesen letzten Tagen habe ich sehr viele
Tränen vergossen und mein "neues altes" Leben
hinter mir gelassen. Je näher ich Deutschland
kam, desto größer wurde die Freude meine Eltern, meine Familie und Freunde wiederzusehen.

Meine Eltern haben mich am Flughafen abgeholt und es war ein tolles Gefühl wieder zu
Hause zu sein, aber auch eins der merkwürdigs-
ten Gefühle.

Abschied nehmen ist nie toll, aber es gibt
immer die Möglichkeit seine Liebsten wiederzusehen und diese Möglichkeit habe ich mittlerweile schon zweimal ergriffen und werde mit
Sicherheit nochmals nach Cádiz, meiner Lieb-
lingsstadt, zurückkehren.

Ankunft zu Hause

Bei meiner Ankunft zu Hause war ich ziemlich übermüdet von der Reise. Meine Mutter hat mein Lieblingsessen gekocht und eine meiner engsten Freundinnen kam zum Essen vorbei. Es war ein schönes Gefühl wieder zu Hause zu sein, aber auch etwas merkwürdig. Mein Kopf konnte es nicht ganz verarbeiten, dass ich nun wieder Zuhause war und ich war gedanklich noch in Spanien.

Meine erste Reaktion damals auf das Essen war: „Mama ich glaube du hast etwas zu viel Salz in das Essen getan." Nachdem alle gelacht haben, ist mir aufgefallen, dass ich so starke Gewürze nicht mehr gewöhnt war. Meine Gastmutter hatte das Essen anscheinend nicht viel gesalzen und gewürzt.

Das nächste ungewohnte war mein großes Zimmer, welches ich für mich alleine hatte. Das erste Mal in 5 Monaten habe ich eine Nacht alleine in einem Zimmer verbracht und war überrascht von der Größe meines Zimmers, meines in Spanien war nämlich nicht sonderlich groß (ca. 8qm).

Leider haben meine Hunde mich nicht mehr erkannt bzw. war ich ihnen fremd. Es lag nicht an meinem Aussehen, sondern an meinem Geruch. Mir wurde oft gesagt, dass sich mein Geruch verändert habe, dies lag wohl an dem spanischen Essen und der Umgebung, in welcher ich gelebt habe. Es hat mehrere Wochen gedauert, bis ich sie wieder auf meinen Schoß setzen durfte. Das war hart für mich, aber ich wusste, dass sie es nicht böse meinen und es bald wieder besser wird.

Am Ende der Woche haben meine Freunde eine Überraschungs - Willkommensparty für mich organisiert. Es war toll alle wiederzusehen und einen Abend mit ihnen zu verbringen. Wir hatten uns sehr viel zu erzählen und es hat sich angefühlt, als wäre ich nie weg gewesen. Eines Abends habe ich mich auch mit einer Freundin zusammengesetzt, wir haben uns Fotos aus den letzten 5 Monaten gezeigt und uns auf den neusten Stand gebracht.

In den ersten paar Woche musste ich mich wieder reintegrieren. Ich muss ehrlich sein, diese Zeit war nicht die einfachste für mich. Ich habe Spanien, meine Freunde und mein spanisches Leben sehr vermisst. Mein Herz war nicht so schnell damit Spanien zu verlassen und gedanklich habe ich mich noch dort befunden.

Ich kann dir nur die gleichen Tipps wie beim Heimweh ans Herz legen. Lenke dich ab und lerne dein "altes neues" Leben wieder kennen. Es wird besser werden und auch diese Zeit geht vorbei. Es ist komisch wieder Zuhause zu sein, aber es ist auch ein tolles Gefühl. Freue dich auf deine Zeit Zuhause und genieße es deine Liebsten wiederzusehen!

Things end but memories last forever

Erinnerungsaufbewahrung

Für mich war es sehr wichtig meine Erinnerungen aufzubewahren und in vielen Jahren eine Box aufmachen und in Erinnerungen schwelgen zu können.

Während meines Aufenthaltes habe ich, oft auch unbewusst, Dinge aufgehoben. Zum Beispiel meinen Schülerausweis, meine Busfahrkarte und Souvenirs. Es waren sehr viele Kleinigkeiten, aber jetzt bin ich sehr froh, dass ich sie behalten habe und immer wieder anschauen kann. Außerdem habe ich eine Art Tagebuch geführt, in welchem ich besondere Erlebnisse festgehalten habe. Leider habe ich es nicht während der gesamten Monate geschrieben, sondern nach ca. 3 Monaten aufgehört. Während meiner Reisen in andere Städte habe ich aus jeder Stadt einen Sticker mitgenommen und diese auf meinen Koffer geklebt. Leider sind die Sticker durch den Flug kaputt gegangen und ich musste sie von meinem Koffer entfernen und wieder reparieren.

Ganz am Ende von meinem Austausch habe ich mir eine große spanische Flagge gekauft und alle darauf unterschreiben lassen. Ich habe sie mit in der Schule genommen, sie auf den Boden gelegt und jeder, der wollte, durfte darauf unterschreiben oder eine Nachricht hinterlassen. Es sind nun viele lustige Sprüche, Insider oder Unterschriften drauf und es macht Spaß es sich durchzulesen. Diese habe ich in meinem Zimmer an meine Wand gehängt, um sie immer wieder sehen zu können.

Ein paar Monate nach meiner Rückkehr habe ich angefangen alle Fotos und Videos zu sortieren, welche ich in Spanien gemacht hatte. Daraus habe ich ein großes Fotobuch erstellt, in welchem ich alle Erlebnisse zusammengefasst habe. Ich habe es nach Monaten sortiert und alle Orte aufgelistet, welche ich besucht habe. Außerdem habe ich ein Video aus allen kurzen Videos erstellt, welches chaotisch, aber lustig geworden ist.

Jetzt, 4 Jahre später, habe ich eine Box mit allen Erinnerungen, ein großes Fotobuch und eine spanische Flagge in meinem Zimmer. Es ist wunderbar sich alles nochmal ansehen zu können und auch Anderen meine Erlebnisse mit Objekten und Gegenständen näherzubringen.

Ich kann dir nur empfehlen Erinnerungsstücke während deines Aufenthaltes aufzubewahren und möglicherweise ein Fotobuch zu erstellen, wenn du wieder zu Hause bist. Es ist toll diese Dinge in den Händen halten zu können und sie für die Ewigkeit aufzubewahren.

Und mit diesem Schritt ist dein Auslandsjahr vorbei und du bist wieder zu Hause angekommen. Ich hoffe, du hattest eine unglaubliche Zeit, konntest viel mitnehmen und lernen und, dass dieses Buch dir eine Hilfe war. Behalte deine Erinnerungen und freue dich auf kommende Abenteuer. Nutze die Zeit, denn diese Möglichkeiten kommen nicht alle Tage.

MERLE KÖSER

Merle Köser, geboren am 25.03.2004, ist Lehramtsstudentin für Fremdsprachen und eine leidenschaftliche Autorin. Schon seit ihrer Kindheit verfasst sie Geschichten und Bücher. Im Jahre 2019 entschied sie sich dafür für ein halbes Jahr nach Spanien zu einer Gastfamilie zu ziehen. Diese Erfahrung hat sie inspiriert sich wieder an das Schreiben zu setzen und ihr erstes Buch zu veröffentlichen um zukünftigen Austauschschülern und Reisenden helfend zur Seite zu stehen.

Loved this book?
Why not write your own at story.one?

Let's go!

MIX

Papier | Fördert
gute Waldnutzung

FSC® C083411

Zeitfracht Medien GmbH
Ferdinand-Jühlke-Straße 7
99095 Erfurt, Deutschland
produktsicherheit@kolibri360.de